AF140258

Mein Professor

Karin Scheuring

Mein Professor

Unglaubliches, Lustiges, Gefährliches ...

Geschichten, die das Leben schrieb.

Karin Scheuring

Herstellung und Verlag: BoD – Books on Demand, Norderstedt

ISBN 978-3-73473-991-0

Bibliografische Information der Deutschen Nationalbibliothek

Die Deutsche Nationalbibliothek verzeichnet diese Publikation
in der Deutschen Nationalbibliografie; detaillierte bibliografische Daten sind im Internet über www.dnb.de abrufbar

Inhalt

Vorwort

Die Anekdoten in diesem Buch sind ausnahmslos wahrheitsgetreu wiedergegeben. Diese bisweilen unglaublichen „Geschichten" haben sich über viele Jahrzehnte angesammelt.

Die Idee zu diesem Buch entstand bereits vor 26 Jahren. Seit ich mit Heinz zusammen bin, haben sich immer derart unglaubliche Dinge ereignet, dass ich schon damals immer wieder mal sagte: „Über dich könnte man wahrhaftig ein Buch schreiben!"

Wenn wir mit der Familie, mit Freunden oder Bekannten zusammen waren, konnten wir stets zur allgemeinen Belustigung beitragen, indem wir ein neues *Müsterlein* preisgaben.

Es gibt lustige, unglaubliche, sonderbare, gefährliche und tierische Anekdoten. Aber auch solche, die ziemlich teuer zu stehen kamen.

Wenn Sie zwischendurch eine kleine Aufheiterung benötigen, dann lesen Sie einfach ein paar Seiten in diesem Buch!

Da es den Leser nicht persönlich betrifft und er nichts „ausbaden" muss, dürfte es vielleicht noch lustiger sein als für die unmittelbar Betroffenen.

Mein Professor

Mein Professor heisst Heinz und hat Jahrgang 1954. Er hat zwar einen akademischen Titel, jedoch weder jenen eines Doktors noch den des Professors. Er ist nur sinngemäss ein Professor: ein zerstreuter, dies allerdings zu einhundert Prozent!

Heinz hat an der ETH Zürich Maschinenbau studiert, spricht vier Sprachen und ist genial im Entwickeln von Strategien und Konzepten. Er ist sehr erfinderisch und kreativ.

Schon ein Jahr nach seinem Studium machte er sich selbstständig. 1981 gründete er seine eigene Firma. Er ist im Bereich Projektmanagement tätig. Das Unternehmen entwickelt Software, macht Schulungen und Beratungen. Heinz hat auch ein Buch zum Projektmanagement geschrieben. Seit Jahren sammelt er Ideen und Material zu weiteren Veröffentlichungen im Bereich Mensch und Gesellschaft. Angesprochen werden hier Politik, Religion, Wirtschaft, Wissenschaft, aber auch Liebe und Lebensphilosophien. Die Fertigstellung ist absehbar.

Ausserdem ist er bewundernswert musikalisch: Er komponiert, arrangiert und produziert, schreibt Texte und manchmal singt er auch noch. Noten lesen kann er nicht, aber wenn er einmal einen Song gehört hat, kann er ihn direkt aus dem Kopf am Klavier nachspielen.

Er ist auch ein liebevoller Vater und gegenüber anderen Menschen sehr tolerant.

Sein Zahlengedächtnis ist schon fast unheimlich.

Auf den Gebieten, die ihm liegen und ihn interessieren, ist er genial.

Im Alltag ist er leider nicht so zuverlässig oder aufmerksam. Zerstreut eben.

Manchmal kommt es mir vor, als würde er in einer anderen Welt leben.

Aber lassen wir doch am besten die Anekdoten sprechen.

Anekdoten

Milchkesseli

Schon als kleiner Junge ging mein Heinz mit dem Milch-
kesseli zur Schule. Seine Mutter gab ihm den Auftrag, dieses beim Nachbarhaus auf die Aussentreppe zu stellen.
Bei seiner Liefertour füllte der Milchmann die bereitge-
stellten Gefässe mit frischer Milch auf.

Ehrensache, dass Heinz – wie immer in Gedanken versun-
ken – die Treppe verächtlich links liegen liess. Ebenso klar,
dass ihn – in der Schule angekommen – erst die verdutz-
ten Blicke seiner Schulkameraden auf sein Missgeschick
aufmerksam machten ...

Schwester stehen lassen

Meine persönliche Lieblings-Anekdote.

Heinz' Freundin Evi wohnte in Reinach. Auch seine
Schwester Karin hatte einen Freund in Reinach. Eines
Abends wollte Heinz mit dem Auto zu Evi fahren. Der Zu-
fall wollte es, dass auch Karin praktisch zur selben Zeit zu
Matthias fahren wollte.

Da hatte Heinz die gutgemeinte Idee: Karin sollte zwei
Minuten vor ihm mit dem Mofa losfahren und dieses bei
der Tramhaltestelle in Aesch parken. Er würde sie dann
nach Reinach mitnehmen. Wenn sie spätabends mit dem
Tram zurückkommen würde, könnte sie dann mit dem
Mofa nach Hause fahren anstatt zu laufen.

So weit, so gut. Nur, dass Heinz zwei Minuten später an der Tramhaltestelle an Karin vorbeifuhr und sie stehen liess!

Bei Evi angekommen, meinte Heinz nur, *dass er sich ein wenig verspätet hätte, weil er Karin noch mitgenommen hatte!*

Die Erkenntnis, dass er Karin einfach stehen gelassen hatte, kam ihm erst viel später an diesem Abend. Umso intensiver war die Wirkung: Es wurde ihm beim Gedanken daran für eine ganze Weile übel.

Motor fällt aus

Während seiner Gymnasium-Zeit konnte sich Heinz einen Traum erfüllen: Mit achtzehn und neunzehn Jahren konnte er an den durch den Bund getragenen Kursen der Fliegerischen Vorschulung teilnehmen, die der Rekrutierung von Militär- und Zivilpiloten diente. Dieses Programm wird in angepasster Form auch heute noch angeboten. Später an der ETH in Zürich hatte er dann sein Flugbrevet auf der Maschine des Typs Beagle gemacht. Das sind einmotorige Tiefdecker-Propellerflugzeuge.

Einmal hatte er auf einem Rundflug vergessen, den Tank von links nach rechts umzustellen, bevor er leer war. DER MOTOR GING AUS.

Zum Glück war er auf Reiseflughöhe, so dass er die Benzinzufuhr locker umzustellen vermochte. (Motorflugzeuge können zur Not auch segeln.)

Tag der offenen Tür

Mit seiner Freundin Evi machte er einen Rundflug. Die Tür auf Evis Seite war nicht richtig verriegelt!

Nachdem er abgehoben hatte, öffnete sich das Türschloss, und die Tür stabilisierte sich, bedingt durch den Luftstrom, bei einem Öffnungswinkel von ca. 20 Grad. Dies wiederum erzeugte erhebliche Turbulenzen und erhöhte den Luftwiderstand ganz erheblich. GROSS WAR DIE HÖHENRESERVE BEILEIBE NICHT beim Überfliegen der Bäume am Ende der Piste ...

Nach überstandenem Schock gelang es den beiden, die Tür mit vereinten Kräften zu schliessen.

Mit Heinz kann man hundert Prozent Abenteuer erleben!

Notlandung

Ausgewählte Absolventen der Fliegerischen Vorschulung erhielten eine wiederum vom Bund gesponserte Einladung zu einem Kunstflug-Kurs, der mit dem Kunstflug-Brevet endete. Erneut eine tolle Sache für meinen flugbegeisterten Mann. Arbeitsgerät waren ein Bücker Jungmann, der Zweisitzer für die Einweisung, und ein Bücker Jungmeister (Einsitzer, Sternmotor, 160 PS). Beides Doppeldecker, der Jungmeister ist inzwischen eine Fluglegende. Fluglehrer war der damals prominente Albert Rüesch, der nicht nur wegen zahlreich gewonnener Kunstflugmeisterschaften bekannt, sondern auch für einige Verrücktheiten berüchtigt war. So hatte er die Alpen ein-

13

mal mit einem Bücker Jungmeister im Rückenflug überquert. Und wenn er beim Flug mit dem Flugschüler mit
dem Fingertipp an seinen Kopf andeutete, das Steuer selber zu übernehmen, mussten die Besucher im Gartenres-
taurant des Pruntruter Flugplatzes darauf vertrauen, dass
er dem Sturzflug Richtung Gäste im richtigen Augenblick
ein Ende setzen würde.

Nach erfolgreicher Absolvierung der Kunstflugprüfung
blieben noch ¾ Stunden zu fliegen, um das festgelegte
Zeitbudget von zehn Kursstunden aufzufüllen. Nichts einfacher als das: Heinz wurde von Albert Rüesch auf eine
dreiviertelstündige Reise ins Nirgendwo geschickt. Das
schien er offensichtlich ziemlich wörtlich genommen zu
haben. Bestens unterstützt wurde das Vorhaben durch
die Tatsache, dass der Kompass dieses edlen Flugzeugs
schon seit geraumer Zeit defekt war. Kam hinzu, dass das
Mitführen einer Karte laut Fluglehrer ambitionierten Flie-
gern unwürdig war. Und schliesslich trugen der sehr
starke Wind und Regen dazu bei, dass sich die Anhalts-
punkte für eine sichere Rückkehr schon nach kurzer Zeit
in Nichts auflösten.

Und so wurde schon bald klar, dass die Rückreise ohne
fremde Hilfe kaum mehr zu schaffen war – Heinz hatte
sich „verflogen". Da sich das Benzin langsam aber sicher
dem Ende zuneigte, musste ein NOTLANDEPLATZ her.
Glückliche Fügung: Der Militärflugplatz von Belfort, wie
sich später herausstellte, drängte sich für ein solches Ma-
növer geradezu auf. Also nichts wie runter. Und wenn
schon, dann aber richtig: Der Luxus einer Hartbelagspiste

war ihm als Bücker-Piloten bis anhin noch nicht geboten worden.

Heinz setzte zur Landung an. Der Wind war so stark, dass er nochmals durchstarten musste. Beim zweiten Landeversuch klappte es dann. Weit und breit war keine Menschenseele zu sehen. Glücklicherweise war es Samstag, so dass der Flugplatz nicht besetzt war. Das hätte sonst mit den Behörden noch problematisch werden können.

Privat auf einem Militärflugplatz zu landen, ist bekanntlich alles andere als harmlos – eher ziemlich verboten!

Schliesslich wurde Heinz auf einen Schäfer mit seiner Schafherde aufmerksam. Dieser fuhr ihn dann netterweise mit seinem Peugeot ins nächste Dorf, wo Heinz in einem Restaurant telefonieren konnte. Dies gerade noch rechtzeitig, bevor sie in Pruntrut einen Suchflugtrupp losschickten. Heinz wurde bereits vermisst!

Heinz forderte dann neben einem Flugzeug mit Benzinnachschub noch einen zweiten Piloten an – für den Moment war seine Lust am Fliegen so ziemlich gedeckt.

Für den zweiten Piloten hatten sie kein Musikgehör, und so musste er dann doch selber zurückfliegen. Er wurde sicher nach Pruntrut zurückgelotst.

Nach der Landung wollte der Fluglehrer vor allem wissen, mit welchem Flügel er denn touchiert habe. Dass es ein Tabu war, mit einem Heckrad-Flugzeug auf Hartbelag zu landen, davon wusste Heinz nichts. Das war in Pruntrut kein Thema, es gab da nur Graspisten. Am Angebot hätte es nicht gefehlt: Die Graspiste war direkt neben der Betonpiste gelegen.

Heinz: „Warum touchiert? Es war zwar wirklich schwierig, gerade aufzukommen, besonders mit dem starken Wind, aber berührt habe ich mit keinem Flügel."

Weitere Folgen hatte es auch keine. Der Flugbucheintrag des Fluglehrers: *„Entschluss und Handlung richtig."* Er hatte wieder einmal Glück gehabt, grosses sogar.

Später machte Heinz dann noch eine Umschulung von Beagle-Maschinen auf Piper, da diese billiger waren, um die jährlichen Pflichtstunden zu leisten.

Ich bin sehr froh, dass Heinz das Fliegen zu teuer geworden ist und er diesen Sport aufgegeben hat. Verständlich, oder?

Randnotiz zum Thema Flugzeuge

Wie weit Heinz' Flugbegeisterung ging – und noch immer geht – belegt die folgende Anekdote: Im Jahr 1957 liessen sich seine Eltern zwei Fernsehgeräte zur Auswahl in die Stube stellen. Als dem damals dreijährigen Heinz klar wurde, dass es nun um die Entscheidung für eines der beiden Geräte ging, fragte er: „In welchem Fernseher kommen denn mehr Flugzeuge?"

Mit dem Sturmgewehr in Frankreich

Ein paar Jahre später hatte Heinz eine Freundin in Mülhausen.

Zu diesem Zeitpunkt wurde er beim Militär dispensiert – er war Motorfahrer. Heinz hatte die ganzen Militärutensilien und das Sturmgewehr ins Auto gepackt, da er am Montag einen Termin im Zeughaus hatte, um alles abzugeben.

Am Samstagabend fuhr er dann nach Frankreich zu seiner Freundin. Erst auf der Rückfahrt, kurz vor dem Zoll, kam ihm in den Sinn, dass er ja sein Sturmgewehr im Kofferraum hatte! Sehr gewagt!

Nicht auszuschliessen, dass er bei einer Kontrolle sogar im Gefängnis gelandet wäre!

Das Geburtswunder

Die nächste Geschichte ist Heinz' Vater passiert.

Absolut unglaublich, aber echt wahr: Der Bruder von Heinz kam am 8. Dezember 1950 im Spital in Winterthur zur Welt. Am Morgen nach der Geburt um 02:00 h machte sich der stolze Vater auf den Weg nach Hause.

In der Zwischenzeit hatte es ziemlich heftig geschneit. Als Leo beim Parkplatz ankam, standen nur gerade noch zwei Autos nebeneinander. Die verschneiten Konturen zeigten zwei identische Autos – den legendären Renault Heck. Leos Gefährt trug die ebenso schöne wie merkfähige Identifikation ZH 41141. Der glückliche Vater wischte mit der Hand etwas Schnee weg, um den „richtigen" Wagen anhand der Farbe zu identifizieren. Wie hätte es anders sein können: Natürlich war auch das zweite Auto beige.

Nun musste also tatsächlich das Nummernschild Licht ins Dunkel bringen. Jeder Leser wird ahnen, dass die Wahl auf den Fremdling fiel. Spielt ja keine Rolle, der Identifikationsaufwand war dadurch nicht grösser. Dafür die Überraschung umso mehr: ZH 41142 gab der weggewischte Schnee frei.

In der Zusammenfassung:

Parkplatz X:	Renault Heck, beige, ZH 41141
Parkplatz X+1:	Renault Heck, beige, ZH 41142

Wie soll man so etwas nennen? Ein Geburts-Wunder!?

Falscher Griff

Ich zog mit Heinz zusammen. Wir wohnten in einem kleinen Siebenhundert-Seelen-Dorf, in Mühlethal. In unserem Haus hatten wir ausser im Entree und in der Küche einen ganz hellen Berberteppich.

Heinz kam am Abend nach Hause, und normalerweise zog er seine Schuhe aus und schlüpfte in seine Hausschläppli.

Irgendwann im Verlaufe des Abends fing Heinz plötzlich an zu lachen. Er konnte kaum sprechen vor lauter Lachen. Ich schaute ihn an und sah, dass er statt der Hausschläppli die schwarzen Schuhe angezogen hatte.

Mit frisch geputzten Schuhen lief er auf dem hellen Teppich umher. Zum Glück hatte er keine schwarzen Schuhcrème-Spuren hinterlassen.

Scherenschnitt

Bei uns geht es lustig zu und her.

Als Heinz auf unserer Hochzeitsreise in Florida im Hotelzimmer zwar noch jugendfreie, aber durchaus heisse Fotos von mir machte, sagte er zu mir, ich solle mich doch mal im *Scherenschnitt* auf das Bett setzen!

Er meinte natürlich Schneidersitz. Und wieder musste er Tränen lachen.

Lachen ist gesund.

Guter Wurf

Wir waren beide im Badezimmer und wollten duschen. Wenn Heinz sich auszog, nahm er häufig seine Socken und Unterwäsche und schmiss sie mit der Handbewegung eines Basketballspielers in die Wäscheschublade (unter dem rechten Lavabo).

Dieses Mal klappte er den Toiletten-Deckel gleich daneben hoch, um die Socken mit Anlauf darin zu versenken und den Deckel ordentlich wieder runterzuklappen!

Gelächter total. Tränen kullern über seine Backen, Heinz liegt am Boden und hält sich den Bauch vor „Lachschmerzen". *Das ist mein Heinz!*

Fenchel pur

Ich war wieder einmal geschäftlich eine Woche in München.

Bevor ich Heinz kennengelernt hatte, hatte ich in sechs, sieben Monaten fünfzehn Kilogramm zugelegt. Immer auf der Piste, viele Einladungen, Feste ... Auf jeden Fall sollten die Kilos wieder runter, und deshalb gab es für mich von Montag bis Freitag nur das 1'200 kcal/Tag-Programm. Auf Schokolade konnte ich nicht ganz verzichten, ass aber nur zwei Möcklein pro Tag (vorher jahrelang eine ganze Tafel pro Tag!). Am Wochenende pflegte ich normal zu essen.

Wie dem auch sei, das Gemüse war natürlich auch nicht mehr mit Rahmsauce zubereitet, sondern nur noch in einer leichten Bouillon gekocht.

Heinz stand jeden Abend an der Bar bei mir in der Küche, und wir tauschten uns aus, was tagsüber so alles passierte. Eigentlich ging ich davon aus, dass er mir auch beim Kochen zuschaute! Diese Annahme war falsch!

Was ich noch erwähnen muss: Heinz kann nicht kochen.

Bevor ich nun nach München flog, hatten wir besprochen, was Heinz essen würde. Zum Mittagessen war er sowieso immer auswärts, wie schon früher, als er noch Single war. Und für das Abendessen hatte es genug Käse, Fleisch, Joghurt etc. im Kühlschrank. Nun war da noch ein Fenchel übrig. Deshalb sagte ich zu Heinz, dass er diesen ganz einfach in ein bisschen Bouillon kochen könne, wenn er möchte. Er wollte – oder zumindest tat er es. Oder besser: Er versuchte es.

Zwei Tage später, als ich abends wieder anrief, fragte ich, ob er den Fenchel gekocht hätte. „Ja" war alles was er darauf sagte, dies in einem eher seltsamen Ton. „Und? War er gut?" fragte ich. „Geht so" kam seine Antwort. „Warum? Was ist passiert?" „Er hat ein bisschen angebrannt geschmeckt. Das Schwarze habe ich etwas abgekratzt und den Rest noch gegessen." „Wieso denn angebrannt, in Bouillon? Wie geht das?" „Na ja, du hast nur gesagt in Bouillon. Du hast nicht gesagt, dass ich noch Wasser dazugeben muss. Ich habe eine Bratpfanne genommen, ein Stück Bouillon hineingegeben, den Fenchel dazu und dann ist er halt angebrannt. Und dann habe ich ihn mit einer Todesverachtung gegessen!"

Ich hatte mir die ganze Szene bildlich vorgestellt und einen Lachkrampf bekommen. *Heinz, mein Koch*.

Übrigens: Ich hatte die fünfzehn Kilogramm wieder abgenommen. Es dauerte allerdings über ein Jahr. Drauf sind sie leider immer viel schneller.

Gedämpfter Salat

Apropos kochen: Das war noch vor meiner Zeit.

Heinz hatte seine Mitarbeiter zu sich nach Hause eingeladen. Nun, was kocht man, wenn man(n) nicht kochen kann? Zum Beispiel Toast Hawaii und vorab einen fertigen, gewaschenen und geschnittenen Salat mit Fertigsalatsauce. Müsste eigentlich gehen.

21

Heinz kaufte Toastbrot, Schinken, Käse, Ananas und Wein. Den Salat hatte er vergessen. War nicht schlimm. Das konnte er über den Mittag noch schnell erledigen.

Die Gäste erschienen pünktlich.

Das mit dem Toast Hawaii klappte gut. Das mit dem Salat hingegen weniger. Der lag nämlich den ganzen Nachmittag im Auto in der Sonne.

Das Menu hätte nun lauten sollen: *Gedämpfter* Salat und Toast Hawaii.

Automobil im wahrsten Sinne des Wortes

Wann immer möglich, fuhren Heinz und ich gemeinsam zur Arbeit. Ich arbeitete in Liestal, Heinz in Kaiseraugst. Mein Weg nahm ca. 25 Minuten in Anspruch. Am Abend holte mich Heinz wieder ab.

Die Firma, in der ich arbeitete, hatte ihre Büros in einer Terrassen-Siedlung. Die Garagen befanden sich auf Strassenniveau.

Heinz fuhr in den Innenhof, rannte die Treppe rauf und kam zu mir. Als wir zusammen die Treppe runter liefen, empfing uns unten ein Mann in vorwurfsvollem Ton mit den Worten: „Sind Sie das, dieses Auto?"

Er deutete auf Heinz' BMW, der sich selbstständig gemacht und etwa fünf Meter weiter seinen neuen Bestimmungsort gefunden hatte. Die Voraussetzungen für diesen im wahrsten Sinne automobilen Vorfall waren, dass Heinz weder einen Gang eingelegt noch die Handbremse

angezogen hatte. Bekanntlich reicht für die Verselbst-
ständigung eines Wagens bereits eine minimale Nei-
gung. Wir konnten von *Glück* reden, dass ein Betonpfeiler
das Schlimmste verhindert hatte. Zentimeter hatten dar-
über entschieden, dass nicht ein vor der Garage abge-
stelltes Auto Stossdämpfer spielen musste. *So gesehen,
hatte er noch Glück im Unglück.*

Alles auf Anfang

Mehr als nur einmal auf diesen gemeinsamen Fahrten ins
Büro fuhren wir nicht erst abends, sondern gleich schon
am Morgen wieder zurück nach Hause.

Das lag nicht etwa an unserer fehlenden Arbeitsmoral,
sondern daran, was der Blick auf den Rücksitz preisgab:
Heinz hatte mal wieder sein Notebook vergessen. Besonders ärgerlich natürlich, wenn wir die Entdeckung erst
jenseits des Belchentunnels machten. Mein Professor.

Immer diese Fenster

Sein Büro in Kaiseraugst wies auf zwei Seiten bodentiefe
Fensterfronten auf. Da Heinz die Räume abends häufig
als Letzter verliess, hätte er auch alle Fenster schliessen
müssen. Nun kam es mehr als einmal vor, dass die Fenster
noch geöffnet waren und es über Nacht – oder noch
schlimmer, über das Wochenende – regnete. Selbstredend war der Teppichboden klitschnass.

Um solche Pannen zu verhindern, machte sich Heinz auf einem gelben Post-it-Zettel folgende Notiz:

FENSTER SCHLIESSEN, LICHT LÖSCHEN und klebte den Zettel auf Augenhöhe an den Türrahmen.

Die Idee war einwandfrei, nur mit der Durchsetzung klappte es nicht so wirklich.

Wieder einmal hatte es geregnet, und die Fenster waren noch offen.

Heinz kam am Abend nach Hause und erzählte mir jeweils, was wieder so alles passierte. Auf seine Fensterbeichte meinte ich ebenso ärgerlich wie ungläubig: „Aber du hast dir doch extra so einen Post-it-Zettel an den Türrahmen geklebt!" Heinz: *„Ja, schon, aber dann müsste mir noch jemand sagen, dass ich ihn lesen soll."*

Falsch programmiert

Nach der Arbeit ging Heinz nach Hause. Sein Auto stand auf dem grossen Parkplatz des Hobbylands. Nun hatte er in der Regel zwei Sachen zum Mitnehmen. Den Aktenkoffer und sein Notebook (So ist er programmiert.). Diesmal waren es eben drei Dinge. Noch eine Tasche mit Schulungsunterlagen. Heinz kam zu seinem Auto und stellte Aktenkoffer, Tasche und Notebook auf den Boden, um die hintere Türe zu öffnen. Aktenkoffer und Schulungsunterlagen hatte er auf dem Rücksitz deponiert und fuhr los.

Sein Notebook lehnte aber noch am hinteren Reifen. Schwarz in schwarz, sieht man ja wirklich nicht besonders gut.

Zum Glück kippte sein Notebook seitlich vom Auto weg, und glücklicherweise fuhr Heinz schnurgerade rückwärts aus der Parklücke, sonst wäre sein Notebook wohl flach herausgekommen.

Eine nette asiatische Dame las es später auf und nahm es mit nach Hause. In der Innentasche fand sie seine Visitenkarte und rief uns später an. So war Heinz ein paar Stunden später wieder glücklicher Besitzer seines wichtigsten Arbeitsgeräts.

Er darf ja auch mal Glück haben.

Kommentar Heinz: *„Ich hatte zwei Sachen ins Auto gepackt, für mich war der Fall erledigt."*

Frieren angesagt

Im Winter zieht Heinz fast nie einen Wintermantel an, ein Schal ist auch problematisch.

Die Gefahr, dass er den Mantel wieder irgendwo in einem Zug hängen lässt, ist viel zu gross. Alles schon passiert!

Vom Winde verweht

Einmal waren wir Skilaufen. Als wir nach Hause gingen, legte Heinz seine Handschuhe beim Auto auf das Dach. Er befestigte die Skier und packte alles schön ein.

Sie wissen schon was kommt – oder?

Totaler Zusammenbruch

Bis vor einigen Jahren benutzte Heinz den Zug praktisch nur dann, wenn er nach Deutschland reiste, was nicht selten vorkam. Da ein Vorstandsmeeting der Schweizerischen Gesellschaft für Projektmanagement spm für einmal jedoch in den UBS-Gebäuden an der Bahnhofstrasse stattfand, entschied er sich, ausnahmsweise auch für die Fahrt nach Zürich auf das Auto zu verzichten und etwas für die Umwelt zu tun.

Am 22. Juni 2005 ereignete sich ein totaler Zusammenbruch des Netzes. Wegen eines Spannungsabfalls im SBB-Stromnetz standen im ganzen Land sämtliche Züge still. Es gilt als der grösste Crash dieser Art in der Geschichte der SBB. Nun, was glauben Sie, auf welches Datum war die Vorstandssitzung angesetzt? – Sie treffen mit Ihrer Vermutung natürlich voll ins Schwarze!

An diesem Abend ging gar nichts mehr auf den Schienen. Ein Bus brachte Heinz nach Frick. Dabei war es schon so spät, dass es von da aus keinen Anschluss mehr nach Möhlin oder Rheinfelden gab. Ich musste ihn mit dem Auto in Frick abholen.

Heftiges Unwetter

Exakt eine Woche später, am 29. Juni 2005, entschloss sich mein Mann – dieser tollen Erfahrung zum Trotz – ein weiteres Mal, die Bahn zu benutzen. Selber schuld! Ein äusserst heftiges Unwetter legte an diesem Abend die Verbindung ab Frick lahm. Die SBB mussten Ersatzbusse einsetzen. Die Busse fuhren genau bis Frick. Dort war unklar, ob und wann die Reise Richtung Möhlin weitergehen würde. Wer holte ihn somit in Frick mit dem Auto ab? Wobei ich das selbstverständlich gerne für ihn getan habe.

Klingt so unwahrscheinlich, dass Sie es gerne mit *29.06.2005 sbb frick* googeln dürfen – ich hätte dafür Verständnis.

Alles Kaffee

Die folgende Schoggi-Geschichte ereignete sich ebenfalls bei einer spm-Vorstandssitzung an der Zürcher Bahnhofstrasse.

Zur Erhaltung der Arbeitsenergie wurden jeweils wunderbare Pralinen (Truffes) herumgereicht. Nach ein oder zwei Erfolgen – Heinz liebt Süssigkeiten über alles – passierte es: Ein Truffe, der genauso aussah wie jener beim ersten Passieren der Schachtel, enthielt Kaffee. Nun muss man wissen, dass Heinz praktisch alles isst, was die kulinarische Welt so hergibt. Einzige Ausnahmen: Zwiebeln, Spinat und – eben – alles, was auch nur einen Hauch von Kaffee beinhaltet. Er hat in seinem Leben noch nie eine ganze Tasse Kaffee getrunken und verabscheut auch Mokkaschokolade und Eiskaffee aufs Gröbste. Nach dem genussvollen Biss in die Praline während dieses Meetings schluckte er diese mit Todesverachtung herunter.

Selbstredend – wir sprechen von Heinz – wiederholte sich die Szene einige Monate später. Mit dem Unterschied, dass er diesmal inmitten der Sitzung den Raum verliess, um die ekelhafte Ladung in der Toilette verschwinden zu lassen!

Handy vergessen

Wenn „normale" Menschen irgendwo aufstehen (im Zug, im Restaurant oder so), drehen sie sich zur Sicherheit nochmals schnell um, um zu kontrollieren, ob nichts liegen geblieben ist.

Seit Jahrzehnten versuche ich das Heinz „beizubringen". Klappt aber nicht.

Sein Handy hatte er schon zweimal im Zug auf der Sitzbank liegen gelassen. Dann rief er mich wieder von einem Bahnhof-Restaurant an, wo er gerade umsteigen musste, aber eigentlich keine Zeit hatte, um zu telefonieren. Ich durfte dann auf sein Handy anrufen, und wenn dann endlich jemand ran ging, alles erklären – Professor und so – und alles organisieren, damit uns sein Handy per Post zugeschickt wurde.

Dass ein Briefumschlag mit Finderlohn an den Absender ging, ist Ehrensache!

Seidenkrawatte

Heinz und ich waren vier Tage in Ascona. Beim Bummeln sahen wir eine wunderschöne Seidenkrawatte, die Heinz besonders gut gefiel. Ich schenkte sie ihm zum Andenken an Ascona.

Heinz war wieder einmal im Ausland. Diese Übernachtungen auswärts haben es irgendwie in sich. Nicht nur, dass Heinz regelmässig sein Duschmittel und Shampoo im Hotel stehen liess – damals vor 25 Jahren musste man das noch selber mitnehmen –, auch sein Eau de Toilette blieb regelmässig stehen.

Schon bald begann ich dann, kleine Fläschlein zu sammeln, welche ich abfüllen konnte. Auch sein Eau de Toilette füllte ich in ein kleines Musterfläschlein ab.

Leider musste auch seine schönste und auch teuerste (Fr. 87.--) Seidenkrawatte dran glauben. Die hatte er nämlich auf einer Geschäftsreise in einem Hotel in Johannesburg hängen gelassen.

Auch ein nachträglicher Telefonanruf half da nicht mehr. Sie war wohl einfach viel zu schön und hatte einen neuen Besitzer gefunden ...

Under- oder overdressed

Wenn Heinz zum ersten Mal einen Kundentermin hat, stellt sich immer die Frage: Leger oder elegant. Hat er eine Besprechung auf Management-Ebene, erwartet man die Leute eher klassisch in Anzug und Krawatte. Hat er ein

Meeting mit Entwicklern, würde man eher Jeans-Typen erwarten.

Stimmt oft, aber eben nicht immer.

Für einen solchen Fall hatte Heinz einmal einen Anzug an und steckte noch seine rote Krawatte in seine Notebook-Aussentasche. Seine Gesprächspartner waren in Jeans, und die Krawatte kam nicht zum Einsatz.

Nach einiger Zeit wiederholte sich die Situation. Er nahm wieder eine Krawatte mit für den Fall der Fälle.

Am Abend, als er nach Hause kam, sagte er zu mir, dass er die Krawatte wieder nicht gebraucht hatte und nahm sie aus der Notebooktasche. Dann fragte er: „Du, hatte ich nicht auch eine rote Krawatte, wo ist die eigentlich?" Ich meinte: „Keine Ahnung, die müsste im Schrank hängen, wo sonst." Da war sie aber nicht. Dann überlegte ich mir, wann ich sie das letzte Mal gesehen hatte und fragte Heinz, ob er sie nicht einmal mitgenommen hatte auf Reserve? Heinz schaute dann nochmals in seiner Notebooktasche nach, und am gleichen Ort, wo er die andere Krawatte rausgenommen hatte, war auch die rote!

Man denkt doch, *rot sollte man eigentlich in der schwarzen Tasche sehen*, bei dunkelblau hätte ich es ja noch verstanden.

Die Krawatte hing dann für ca. zwei Wochen im Badezimmer. Da Heinz immer sehr heiss und sehr lange duscht, entfaltete sich der starke Knick durch die hohe Luftfeuchtigkeit allmählich wieder.

Umsonst Tanken

Heinz fuhr auf dem Weg ins Büro noch zum Tanken.

Am Morgen rief mich eine Frau von der Tankstelle an und meinte, dass mit der Autonummer XY jemand getankt, jedoch nicht bezahlt hätte! Falls nicht innerhalb von einer halben Stunde bezahlt würde, müsste sie den Fall der Polizei übergeben.

„Ja, das war mein Mann", erwiderte ich. Wieder erzählte ich die Geschichte mit Professor und so und dass ich ihn umgehend anrufen werde.

Heinz fuhr dann natürlich sofort zur Tankstelle, entschuldigte sich und beglich die Rechnung – einschliesslich eines kleinen Schmerzens- oder Schockgeldes. *Peinlich!*

Klappe offen

Mehrmals schon kam er nach Hause, und als ich später in die Garage ging, war sein Tankdeckel noch geöffnet und der Verschluss hing am Schnürchen runter!

Bezahlt hatte er immerhin ...

Als ich ihn darauf ansprach meinte er: „Ich hörte noch etwas klappern, wusste aber nicht, was es war."

Einladung an den Regen

Beim Auto die Fenster zu schliessen, vergass er auch hin und wieder. Nur dumm, wenn es anschliessend regnete und die Sitze nass waren!

Wo kommt dieser Pfeiler her?

Mit dem Auto kann vieles passieren! Auch Unerklärliches.

Eines Abends kam Heinz von einem Kundentermin nach Hause. Sein Auto habe er im Parkhaus abgestellt. Nur, dass er vor der Heimfahrt seine Fahrertüre nicht mehr aufmachen konnte, weil sich *plötzlich* ein Pfeiler direkt neben der Tür befand!

Heinz musste auf der Beifahrerseite einsteigen und auf die andere Seite kraxeln.

Schon wieder der Pfeiler

Ein anderes Mal im Parkhaus – ein Mitarbeiter sass neben ihm – dachte Heinz, da muss ich dann aufpassen beim Rückwärtsfahren. Ein Pfeiler stand erneut ungünstig.

Die zwei unterhielten sich, und schon war es wieder passiert! Heinz schlug das Lenkrad ein und rammte mit der Tür voll den Pfeiler!

Blöd aber auch, immer diese Pfeiler.

Sekunden später

In dasselbe Kapitel fällt der Pfosten, der auf einem Park Feld in Baden benutzbare von gesperrten Parkplätzen trennte. Der Metallpfosten und die rot-weisse Kette waren zwar bloss temporär hingestellt, doch ausreichend schwer, um erneut an der Fahrertür ihre unmissverständlichen Spuren zu hinterlassen.

Des Risikos war sich Heinz beim Einsteigen eigentlich bewusst. Er dachte noch, da musst du dann voll aufpassen beim Rückwärtsfahren. Erschwerend war, dass das Teil aus sitzender Position im Auto nicht zu sehen war. Sekunden später lag er am Boden – der Pfosten.

Eine Beule mehr!

Klappe runter

Heinz ist nicht nur zerstreut, er hat auch noch ziemlich oft Pech.

Wir waren zweieinhalb Jahre verheiratet, als unsere Tochter Sarah zur Welt kam. Heinz kam jeden Abend in die Klinik. Einmal musste er noch dringend etwas Geschäftliches erledigen.

Heinz kann überall arbeiten. Er benötigt nur sein Notebook. Er setzt sich bei längeren Zwischenstopps auf Flughäfen auch einmal in einem Korridor auf den Fussboden, wenn ihm dies Stromanschluss ermöglicht.

Nun, im Zimmer der besagten Klinik gab es einen kleinen Klapptisch, der nach Bedarf hochgeklappt werden konnte. Das tat Heinz auch. Nur hatte er den Tisch nicht richtig eingehakt, so dass dieser mitsamt dem laufenden Notebook etwa zwanzig Zentimeter tiefer auf Heinz' Oberschenkel aufschlug. Das hatte die Harddisk nicht überlebt. Damals war das ein Schaden in vierstelliger Höhe.

Motorschaden

Heinz fuhr in Holland mit dem Zug vom Ort der Schulung zum Flughafen. Mitten in der Pampa blieb der Zug stehen. MOTORSCHADEN.

Wann kommt so etwas vor? Natürlich dann, wenn Heinz im Zug sitzt. Seinen Flug verpasste er!

Auf der Flucht

Heinz hatte auch schon öfter vergessen, rechtzeitig auszusteigen, wenn er keine direkte Zugverbindung hatte und eigentlich bei der Ortschaft X umsteigen sollte.

Meist arbeitet er im Zug und vergisst dann die Zeit.

Häufig reichte es ihm gerade noch, bei bereits stehendem Zug seine sieben Sachen einschließlich des laufenden Notebooks unter den Arm zu klemmen und den Zug panikartig zu verlassen ...

Auf den letzten Drücker

Oder er war schon von Anfang an im falschen Zug, weil er den Fahrplan – den ich für ihn immer schön ausdrucke – nicht richtig angeschaut hatte. Zeitlich knapp dran, hatte er das falsche Gleis erwischt und sprang auf den letzten Drücker auf den falschen Zug auf.

Pech gehabt und viel Zeit verloren. Wenigstens sind die Schaffner in solchen Fällen meist eher kulant.

Überrollt

In Mumbai am Flughafen wurde das Gepäck aus dem Flugzeug ausgeladen. Und natürlich fiel der Koffer von Heinz – welcher sonst – vom Gepäckwagen und wurde prompt überrollt. Der Koffer war kaputt!

Ausgeraubt

Ebenfalls auf einer Reise nach Indien träumte Heinz während des Flugs, dass er ausgeraubt wurde. Auf dem Platz neben ihm sass eine Inderin. Das Flugzeug war in Delhi gelandet, und Heinz bemerkte beim Aussteigen, dass er kein Portemonnaie mehr hatte. Er meldete es der Flugbegleiterin und ging nochmals zu seinem Platz zurück. Nachdem er alles abgesucht hatte – ohne Erfolg –, meldete er es noch am zuständigen Schalter. Die Frau, die neben ihm gesessen hatte, meinte noch zu ihm, dass es bestimmt wieder gefunden würde.

Die Firma, für die er die Schulung machen sollte, lieh ihm etwas Geld für den Aufenthalt.

Eine Woche später traf Heinz am selben Flughafen ein – es ging wieder nach Hause. Beim Einchecken am Schalter wurde er von der Dame mit einem ihm wohl bekannten Gegenstand in der Hand gefragt, ob dies nicht sein Portemonnaie sei. Wann und wie es dahin kam, ist bis heute ungeklärt. Heinz glaubte, dass die Frau neben ihm es an sich genommen und sich später dann doch eines Besseren besinnt hatte.

Heinz war überzeugt, dass er im Schlaf im Unterbewusstsein realisiert hatte (deshalb auch der Traum), wie ihm die Sitznachbarin das Portemonnaie aus der Tasche gezogen hatte. Nur konnte er ja auf seinen Verdacht hin nicht verlangen, dass diese Frau durchsucht werden sollte. Von wem auch? Und auch selber mochte er sie nicht auf diese ungeheure Verdächtigung ansprechen, ungeachtet ihrer sonderbaren Bemerkung.

Wieder einmal ging es am Ende gut aus. Nerven und Zeit hatte es allerdings eine ganze Menge gekostet. Stress pur.

Ja, wenn Heinz unterwegs ist, läuft was.

Kuhfladenbraun

Wir machten einen Familienausflug – eine Wanderung zu einem Bergsee. Mehrere Kuhweiden mussten überquert werden, und manchmal hatte es bei den Zäunen Drehkreuze oder Gatter, die wir passieren mussten. Einmal sorgte eine sogenannte Viehsperre dafür, dass die Kühe da blieben, wo sie bleiben sollten. Dabei handelt es sich um eine Anzahl dicker, parallel laufender Eisenstangen mit relativ grossen Abständen dazwischen. Die Warnung wurde an alle ausgesprochen, hier gut aufzupassen.

Alle – Grossmutter, Kinder und alle weiteren Familienmitglieder – kamen heil hinüber. Das heisst, fast alle, Heinz natürlich nicht! Er rutschte aus, klemmte sich mit seinem Fuss/Turnschuh zwischen den Stäben ein und fiel hin. Er

landete mit seinen *weissen*, kurzen Hosen in einem Kuh-
fladen! Das Gröbste wurde entfernt, und an einem Brun-
nen wischten wir die Hose noch mit Wasser ab. Natürlich
liess sich das Kuhfladenbraun auf weiss nicht völlig besei-
tigen, und Heinz musste den restlichen Tag „gezeichnet"
verbringen.

Nun, er hätte ja durchaus auch seinen Knöchel brechen
können. Einmal mehr: Glück im Unglück!

Die Devise lautet immer: DAS POSITIVE SEHEN!

Qual der Stoffauswahl

Heinz' Haut ist suuuper empfindlich!

Schon als kleiner Junge litt er mit gestrickten Socken
Qualen.

Sogar die kurzen Hosen mit Innenfutter waren am Sonn-
tagmorgen beim Kirchenbesuch eine echte Qual. Die zwei
Zentimeter Hosenstoff, die durch das Futter am unteren
Rand nicht abgedeckt waren, reichten dafür aus. Der
Juckreiz war unerträglich. Und dann sollte er auch noch
still sitzen – ein Ding der Unmöglichkeit.

Heute noch muss ich – ausser bei Jeans – für sämtliche
Hosen ein komplettes Innenfutter anfertigen lassen. Die
Änderungen – Hose kürzen und Futter – sind meistens
teurer als die Hose selbst.

Lange Unterhosen

Heinz absolvierte im 1975 die Sommer-RS in Chur. Es war ein besonders heisser Sommer!

Militärhose *ohne* lange Unterhose – das ging definitiv nicht.

Lieber schwitzen als jucken war hier das Motto.

Hemden zu verschenken

Mit den Hemden verhält es sich ähnlich.

Stoffe, die sich für mich beim Anfassen ganz fein anfühlen, können für Heinz der Horror sein. Auch nach zwei- bis dreimal waschen und bügeln kommt es vor, dass Heinz beim nächsten Versuch vorsichtig einen Arm hineinstreckt und diesen blitzartig wieder rauszieht, während es ihm schon die Haare aufstellt.

Nach dem dritten Mal (zwischendurch kaufte ich durchaus tragbare Hemden), habe ich es dann endgültig aufgegeben, ohne ihn Hemden zu kaufen. Die (für ihn) kratzigen Hemden wurden verschenkt.

Der Roboter Heinz

Auch wenn wir Hosen einkaufen gehen, ist das ein Schauspiel.

Heinz läuft *steif wie ein Roboter* im Laden auf und ab, damit ich die Hose von allen Seiten begutachten kann.

Es ist so lustig – nur nicht für ihn!

Die Eisensäge

In Israel braucht man einen Adapter für die Steckdosen. Heinz hat mehrere – für fast sämtliche Länder – auch so ein Multifunktionsteil, das man aufklappen und an die lokale Norm anpassen kann. Doch dieses Mal wollte nichts passen. Was macht man in der Not? Ohne Notebook ging gar nichts.

Heinz organisierte eine Eisensäge – was ziemlich kompliziert war – und sägte mühevoll den mittleren Dorn an seinem Stecker ab. Es funktionierte!

Die Schulung konnte stattfinden. Erfinderisch ist er ja.

Noch während vieler Jahre arbeitete er mit diesem kastrierten Stromkabel, auch zu Hause. Meistens konnte er sich im Ausland dadurch den Adapter sparen. Wunderbar.

Was er nicht wusste: Das Gerät hatte keine Erdung mehr und gab die rund hundertfache Dosis an elektromagnetischer Strahlung ab. Beunruhigend war dabei nicht nur der Ausschlag, den das Gerät des Strahlenmessers zeigte, sondern vor allem seine Warnungen vor den gesundheitlichen Folgen dieser jahrelangen Belastung.

Heinz scheint die Bestrahlung zum Glück gut überstanden zu haben.

Alufolie sei Dank

Heinz musste seinen Rasierapparat nur alle zwei Wochen aufladen. Das ist toll, Kabellos rasieren und nur alle vierzehn Tage ans Aufladen denken.

Dieses Mal schulte er während einiger Tage Projektmanager in Polen.

Auf der Reise wurde aus unerklärlichen Gründen der Rasierapparat in seinem Koffer eingeschaltet. Schafft auch nicht jeder!

Im Hotel angekommen, packte Heinz den Apparat aus, als dieser eben in den letzten Zügen war! Das Stromkabel hatte er nicht dabei. Wozu auch, reichte die Ladung doch während mindestens zwei Wochen. Schon wieder etwas weniger, was man liegen lassen könnte.

Wie gesagt, Heinz ist ja kreativ.

Mit Alufolie und anderen Hilfsmitteln bastelte er eine Überbrückungsmöglichkeit und schaffte es irgendwie, seinen Rasierapparat wieder aufzuladen.

Frisch rasiert konnte er die Schulung antreten.

Go-Kart

A apropos erfinderisch: Unsere Tochter Sarah sagte einmal zu uns: Ihr hattet es noch schön, bei euch wurde so viel erfunden! Wenn man nur an die vielen Arten von Telefongeräten denkt. Vom Wandtelefon zum Tischtelefon mit Wählscheibe, dann mit Drucktasten, später kabellos bis zu Handys und iPhones.

Heute gibt es ja schon alles. Jetzt kann man gar nichts mehr erfinden!

Und früher war es überhaupt viel toller. Ihr konntet noch mit einem Luftgewehr schiessen und auf der Strasse spielen. Vor allem aber selber einen Go-Kart bauen und damit auf der Strasse fahren!

Heinz und Peter konstruierten einen Go-Kart. Motor und Räder bauten sie aus einer alten Vespa aus, die sie für Fr. 75.-- gekauft hatten. Das Schweissen des Rahmens erledigte ein Mitarbeiter der Firma Kuhn Rikon, in der Heinz' Vater arbeitete. Sitz und Pedale (Gas, Bremse und Kupplung) waren selbst gebastelt. Das Dreigang-Gefährt, um das sie viele beneideten, erreichte immerhin 65 km/h. Wie sie das herausgefunden hatten ohne Tacho? Ganz einfach: Heinz bat den Fahrer eines VW-Busses, auf einer kaum befahrenen Militärstrasse ihm hinterherzufahren, um die Höchstgeschwindigkeit messen zu können!

Rund um den Go-Kart ist noch von Bedeutung, dass Heinz mit Kollegen damals eine Band gegründet hatte, Ende der 60iger noch eine Seltenheit. Die Besetzung: Keyboard, Schlagzeug, Gesang, Bass, in den Anfängen noch Gitarre. Die Technik: Röhrenradios als Verstärker und selbst gebastelte Lautsprecherboxen. „Skinmotion" nannten sich die Vier, in Anlehnung an die Felljacken, die sie trugen. Geübt wurde beim Bassisten und Manager, Armin

Reller im Nachbardorf Kollbrunn. Meist fuhr Heinz mit seinem Halbrenner, wie damals diese Fahrrad-Kategorie hiess, zum Üben. Doch eines Abends stinkte ihm die Velofahrt, und er entschloss sich, auf dem Tössbord mit diesem Bodenflitzer zu fahren. Dieser unbefestigte Weg war für Fussgänger gedacht und eigentlich zu uneben und zu schmal für den Go-Kart. Doch Heinz schaffte es – er fuhr motorisiert zum Üben. Die Überquerung der Hauptstrasse zwischen Rikon und Kollbrunn, die am Ende erforderlich war, nahm er gelassen hin. Schon etwas verwegener war dann allerdings die Rückreise. Etwa um 23 Uhr stellte sich die Frage, wie er ohne Licht an seinem Gefährt zurückfahren würde. Mondschein fehlte. Was also war einfacher, als das Licht eines hinterherfahrenden Autos zu nutzen und anstelle des Tössbordes die Hauptstrasse zu wählen? Und los ging's . Der Go-Kart fuhr mit voller Kraft voraus, der Citroen Ami des Kollegen Dudi – das war Armin Rellers Übername – versuchte anfänglich vergeblich, mitzuhalten. Am Ende ging – *diesmal* – alles gut. Mit 65 Sachen brauste Heinz auf der Hauptstrasse nach Hause, ohne Zwischenfall, ohne Polizeieingriff und, wie es schien, ohne, dass ihn jemand gesehen hatte.

An Mut mangelte es ihm in solchen Sachen in der Regel nicht ...

Viele Jahre vorher schon, als er noch keine zehn Jahre alt war, erhielten Heinz und sein Bruder Peter den Traum wohl jedes Buben verwirklicht: Ihr Vater Leo konstruierte mit einem Solex-Motor und aus Holzbrettern und Kinderwagenrädern eine „Penne", ein Gefährt mit vier Rädern und Hebel-Lenkung, das tatsächlich fuhr. Die ganze Familie hatte sich damit versucht. Da die Familie Scheuring in einer Sackgasse wohnte, waren damals solche Dinge noch möglich.

Heinz ist filmisch mit zehn Jahren festgehalten, wie er mit dieser Penne um den Vorplatz des Hauses herumbraust. Pikantes Detail: Dran gehängt war ein aus einer Harasse gefertigter Anhänger, in dem seine zweijährige Schwester drin sass!

Hell erleuchtet

Wir waren umgezogen. Sarah war schon drei Jahre alt und wir wohnen in unserem neuen Haus.

Es war Anfang Dezember. Wir gingen zum Förster, um Tannäste zu holen. Den ganzen Tag hatte ich mit abgeschnittenen Besenstielen und diversem Hilfsmaterial einen grossen Türkranz aus den Tannästen gebastelt. Darum herum hatte ich insgesamt *fünf Lichterketten* gewickelt.

Der Türkranz war fertig und wunderschön. Die Lichterketten strahlten prachtvoll. Ich war stolz auf meine Arbeit. Es war eine ziemliche Herausforderung, diesen Riesenkranz anzufertigen.

Nun, Papi kam nach Hause, Sarah stand im Entree und war auf seine Reaktion gespannt. Heinz kam rein, wir sahen ihn erwartungsvoll an und – *nichts!*

Sofort bemerkte er, dass etwas von ihm erwartet wurde und fragte: *„Hätte ich irgendetwas sehen müssen?"*

Da kann ich wieder einmal nur sagen: Typisch Heinz.

Beizufügen wäre noch, dass es dunkel (Heinz kam meist um 18.30 h nach Hause) und der Türkranz riesig war und in seiner vollen Pracht strahlte!

Alte, neue Enten

Unsere Küche ist mit einer Eckbank ausgestattet. Heinz sitzt immer auf der Bank und schaut in Richtung Küchenfenster.

Wir waren beim Nachtessen und Heinz schaute zum Küchenfenster, als er meinte: „Ach, die sind aber schön, diese Enten, sind die neu?"

Dazu ist zu sagen, dass ich nach einer Woche sämtliche Kartons vom Umzug fertig eingeräumt hatte und die zwei Korb-Enten schon seit *zwölf Jahren* auf dem Sims über dem Fenster thronten!

Kommentar Heinz: *„Siehst du, mit mir wird es nie langweilig, ich entdecke auch noch nach zwölf Jahren neue Sachen!"*

Pass verschwunden

Heinz war für eine Woche in Moskau – erneut für eine Projektleiterschulung. Er freute sich schon auf die Heimreise. Als einziger Referent eine Woche Seminar abzuhalten, war durchaus anstrengend. Auf dem Weg zum Flughafen suchte er seinen Pass. Nichts. Am Flughafen angekommen, durchsuchte er auch noch seinen Koffer. Wieder nichts.

Er rief bei der Botschaft an. Doch die konnten ihm so kurzfristig leider auch nicht weiterhelfen. Das Flugzeug flog ohne ihn ab.

Schweren Herzens fuhr er wieder ins Hotel zurück und fragte dort nochmals nach seinem Pass. Kein Problem, sie mussten ihn nur aus ihrem Safe nehmen!

Dass Heinz beim Einchecken den Pass abgegeben hatte, war ihm irgendwie entgangen.

Heinz musste nochmals eine Nacht länger bleiben, da es keinen späteren Flug mehr gab.

Am anderen Tag klappte dann alles mit der Heimreise. Willkommen zu Hause!

Überschwemmung

In unserem neuen Haus ist eine Wäscheröhre eingebaut. Zentral im Flur, von allen Zimmern leicht zugänglich.

Wenn Heinz duschen geht, schmeisst er seine Schmutz-wäsche auf den Boden und wenn er fertig ist, in die Wä-scheröhre. Er ist sehr ordentlich, das muss auch mal ge-sagt werden.

Heinz war zum zweiten Mal in Delhi. In der ersten Nacht wurde er nicht in einem besseren Hotel, sondern in einer ziemlich armseligen Bleibe untergebracht. Auf den Grund dafür komme ich gleich anschliessend zu sprechen.

Abends beim Duschen hatte Heinz seine Schmutzwäsche wie gewohnt auf den Boden geworfen und ging duschen. Erst als er fertig war, sah er, respektive merkte er, dass die Dusche keine Begrenzung oder keinen Absatz hatte, so dass sich das Wasser im Badezimmer auf dem ganzen Bo-den verteilte. Irgendwo in der Mitte des Raumes hatte es dann einen Abfluss.

Seine Kleider schwammen im Duschwasser!

Zu früh gekommen

Das Seminar in Delhi begann am Tag X. Sein Flugzeug kam am Tag zuvor spät nachts an. Wenig Zeit für die An-gewöhnung zwar, dachte er, aber einen ganzen Tag vorab in Delhi verbringen mochte er nicht. Tat er am Ende dann aber doch!

Als er ankam, hielt er unter den Dutzenden von Schildern, wie sie bei der Ankunft von Taxi-fahrenden Indern mit Namen drauf hochgehalten werden, nach seinem Namen Ausschau. Nichts. Eine halbe Stunde, eine Stunde – nichts.

Es war inzwischen etwa zwei Uhr morgens früh, die Landung war kurz nach Mitternacht. Keine Chance also, irgendjemanden von den Auftraggebern zu erreichen. Zum Glück wusste er, auf welchem Ausbildungscampus die Ausbildung stattfinden würde. Bei seiner Zerstreutheit alles andere als eine Selbstverständlichkeit! Er liess sich dahin bringen und konnte eines der freien Zimmer beziehen, die für Seminarteilnehmer vorgesehen waren. Eben jenes Zimmer mit der tollen Dusche.

Am folgenden Morgen klärte sich das Ganze dann auf: Das Seminar begann erst einen Tag später. Heinz hatte sich bei der Ankunft auf das Datum des Abflugs bezogen, während die Organisatoren sich das Datum des Folgetages gemerkt hatten, um ihn vom Flughafen abzuholen. Die paar Minuten Ankunft *nach* Mitternacht hatten ihm einen gehörigen Streich gespielt!

Heinz' Hinweis, dass die Campus-Zimmer für ihn auch für die folgenden Nächte absolut OK wären und er keine Sonderbehandlung erwarten würde, wollten die Seminar-Organisatoren nicht gelten lassen. Die folgenden Nächte verbrachte er deshalb in einem sehr komfortablen Hotel.

Neues Modell

Heinz ist nicht nur sehr zerstreut und oftmals ein Pechvogel, er ist auch nicht gerade das, was man einen begnadeten Handwerker nennt.

Haus- und Gartenarbeit sind normalerweise mein Revier.

Einmal fragte ich Heinz, ob er mir mit der grossen Ast-schere beim Sommerflieder helfen könne, weil das Holz des Sommerflieders sehr hart ist. Normalerweise schneide ich alles bis vier oder fünf Zentimeter Dicke mit dieser Schere. Da ich aber gerade eine Zerrung in der Schulter hatte, wollte ich nicht noch mehr Schmerzen ris-kieren. Ich wies Heinz an, welche Äste ich wo geschnitten haben mochte.

Nun müsste man die Astschere natürlich mit ein bisschen Gefühl betätigen und wenn es klemmt, die Schere wieder öffnen, etwas drehen und neu ansetzen. Heinz setzte nur einmal an, drückte die siebzig Zentimeter langen Holme zusammen, und siehe da, wir hatten ein neues Modell: Modell Knickarme.

Heinz hatte mit viel Kraft die Arme in der Mitte einfach abgebogen, bis sie unten wieder zusammenkamen (Rau-tenform)!

Der Flieder war nicht geschnitten. Ich durfte dann zuerst wieder eine neue Astschere kaufen.

Fehlgriff

Mit dem Sommerflieder steht Heinz auf Kriegsfuss.

Jahre später an einer anderen Stelle hatte ich nebenei-nander drei Sommerflieder gepflanzt, damit sie zu einem grossen Strauch wachsen konnten (ab und zu habe ich Jungpflanzen im Garten). Bei diesem Flieder ging ich immer ein bisschen radikal dahinter und hatte ihn stark zurückgeschnitten. Nun, schon mehrere Jahre alt und zu einem schönen grossen Strauch herangewachsen, hatten zwei davon den kalten Winter nicht mehr überstanden. Auch diese wollte ich geschnitten haben. Es war wie gesagt, sehr hartes Holz, und da wir gerade Besuch von meiner Schwester und ihren Kindern hatten, dachte ich, ich schnapp mir meinen Mann, da er in diesem Moment ja nicht am Computer arbeiten würde. War ja keine Sache: zweimal ganz unten abschneiden und fertig.

Heinz, hilfsbereit wie immer, ging mit der Astschere los und kam mit dem einzigen grünen Sommerflieder in der Hand wieder zurück und sagte: *„Ich glaube, jetzt habe ich etwas Falsches gemacht!"*

Alle krümmten sich vor Lachen. Zu seiner Entschuldigung meinte er noch, dass ganz unten eben alle drei Stämme gleich aussahen.

Seit diesem Zeitpunkt fragt Patrick, der Sohn von meiner Schwester, jedes Mal wenn er wieder bei uns ist: „Und, Heinz, wie geht es dem Sommerflieder?"

Er (der Flieder!) hat übrigens den Radikalschnitt gut überstanden und wieder ausgetrieben.

Heinz meinte dazu: *„Jetzt ist er sogar noch viel schöner als vorher!"*

Und bist du nicht willig, so brauch' ich Gewalt

Auch bei einer anderen Aktion brauchte ich die Hilfe von Heinz.

Im Steingarten hatten wir ein riesiges Gras, das ich ausgraben wollte. Wir mussten aber zuerst grosse, schwere Steine beiseite räumen, damit man überhaupt graben konnte. Also, wieder eine Arbeit für einen Mann.

Dieses Mal war es die Schaufel.

Heinz hatte den Stiel so fest runter gedrückt, bis er gebrochen war.

Man müsste vielleicht mehrmals ansetzen und Stück für Stück ausgraben. Mit Brachialgewalt geht es selten gut. *Mein Handwerker!*

Ausgesperrt

Wir waren in Mallorca in den Ferien.

Nachdem wir am Abend eingecheckt hatten, freuten wir uns darauf, unser Zimmer zu beziehen. Es war fantastisch. Ganz oben mit einer schönen Aussicht, einfach toll.

Wir gingen auf die Terrasse, und pflichtbewusst wie wir waren, schlossen wir die Terrassentüre, weil ja die Klimaanlage lief. Nur hatten wir beide nicht damit gerechnet, dass die Türe damit verschlossen war.

Super! Alle Leute beim Nachtessen, Handy im Zimmer und wir zwei stehen im Dunkeln auf der Terrasse.

Glücklicherweise waren genau unsere Zimmernachbarn noch auf ihrer Terrasse.

Heinz lehnte sich über eine Brüstung – die Zimmer waren versetzt angeordnet, dazwischen hatte es noch grosse Pflanzentröge. Er konnte unsere Nachbarn bitten, die Rezeption anzurufen, um uns zu befreien.

Schachmatt

Unser Schachbrett steht mit den aufgestellten Schachfiguren offen im eingebauten Bücherregal. Die schönen Figuren sind aus Holz gefertigt, und das Schachbrett ist in eine Richtung zusammenklappbar. Hält man es an den anderen zwei Seiten, ist es stabil.

Heinz spielte mit Sarah Schach. Danach wollte er das Schachbrett vom Küchentisch wieder ins Wohnzimmer bringen. Als Sarah beobachtete, wie er es zu sich über den Tischrand ziehen wollte, um es mit den Händen greifen zu können, sagte sie zu ihm: „Gell Papi, du denkst daran, dass du es richtig halten musst!"

Heinz: *„Ja, ja, ich weiss schon."*

Sekunden später lagen seine sechzehn Figuren auf dem Boden. Heinz hatte das Schachbrett natürlich genau in der falschen Richtung liegend über die Tischkante hinweg gezogen, so dass es sich blitzartig über die Tischkante hinunter klappte.

Zum Glück ging keine der Figuren zu Bruch.

Heinz und Sarah mussten schallend lachen und kriegten sich fast nicht mehr ein. Heinz bekam davon Bauchkrämpfe wie noch selten zuvor.

So eine blöde Kuh

Heinz hatte einen Kundentermin in Zürich. Wenn der Kunde vom Bahnhof aus zu Fuss gut zu erreichen ist (kurzer Weg), fährt er aus umwelttechnischen Gründen seit einiger Zeit mit dem Zug. Dies, obwohl der Weg zum Bahnhof in Möhlin etwas umständlich ist.

Heinz fuhr mit dem Auto nach Rheinfelden, weil er von da aus eine gute Verbindung hatte. Er stellte den Wagen auf dem SBB-Parkplatz gleich neben einem nahegelegenen Gebäude ab. Abends kam er erst gegen 23.30 h nach Hause.

Am Sonntagmorgen rief die Polizei bei uns an.

Folgendes war passiert: Ein Bauer trieb seine Kuhherde am Bahnhof vorbei, wobei eine der Kühe aus der Herde ausbrach. Diese suchte sich einen Fluchtweg und wollte sich zwischen dem Auto und dem Gebäude hindurchzwängen. Der Durchgang war zu eng, die Kuh eingeklemmt, so dass sie sich umdrehen musste. Dabei setzte sie sich noch kurz auf den rechten, vorderen Kotflügel! Der Schaden war angerichtet.

Diesen meldete der Bauer dann bei der Polizei.

Als Heinz nach Hause kam, war es ja dunkel, und der Schaden war auf der Beifahrerseite. Bis zum Anruf der Polizei hatte er davon gar nichts bemerkt.

Solche Sachen passieren nur Heinz!

Schöne Zahlen

Heinz ist sehr stark auf Zahlen fixiert.

Wenn beim Kilometerstand, je nach Alter des Autos, z.B. 11110 km angezeigt wurden, durfte er auf keinen Fall 11111 km verpassen. Sollte dann noch der Tageszähler gleichzeitig 111 km anzeigen, war es super. Das höchste der Gefühle jedoch war, wenn das alles genau um 11.11 Uhrzeit zusammen passierte. Solche Konstellationen durfte er nie verpassen, sonst ärgerte er sich.

Es kam vor, dass er sogar noch eine Extrarunde im Quartier hinlegte, um den Wagen mit einem speziellen Kilometerstand in die Garage stellen zu können.

Als er sich eines Morgens anschickte, den Wagen rückwärts aus der Garage zu steuern, fiel ihm die Zahl 20'000 ins Auge. Er war fasziniert von dieser runden Zahl und vergass dabei, den Pfosten des Garagentors im Auge zu behalten – chrrr und die Hintertür und der hintere Kotflügel zeigten sehr unschöne Spuren. Besonders ärgerlich: Es stellte sich Sekunden später heraus, dass die 20'000 nicht den Kilometerstand anzeigten, sondern die Distanz bis zum nächsten Service. Und diese Anzeige verändert sich in grossen Schritten von 1'000 km, runde Zahlen sind hier also nicht wirklich spannend.

Autos und PS

Heinz kann heute noch sämtliche Autos nacheinander aufzählen, die seine Eltern und dann später er, sein Bruder Peter, Sarah und ich gehabt haben, *inklusive PS* von *jedem* Auto. Und das sind über 40 Stück!

Sein Mami ist schon 90 Jahre alt und fährt noch Auto. (Einen Opel Corsa, 90 PS.)

Bei Autos und PS funktioniert sein Gedächtnis tadellos!

Ich habe es nicht so mit Zahlen

Der kürzeste Tag bedeutet nicht, dass es am spätesten hell wird am Morgen und am frühesten dunkel am Abend. Diese Minima und Maxima sind ca. zehn Tage früher respektive später als der kürzeste Tag.

Am 10./11. Dezember wird es am frühesten dunkel, und ca. am 31. Dezember wird es am spätesten hell.

Dass der kürzeste Tag der 21. Dezember ist, ist allgemein bekannt. Dass diese Daten nicht zusammenfallen, ist den meisten Leuten hingegen nicht bewusst.

Diese Zusammenhänge erzählt mir Heinz immer wieder. So etwas kann ich mir einfach nicht merken. So unterscheiden sich eben Interessen und Fähigkeiten.

Mein Zahlenmensch

Genauso verhält es sich bei Zahlen zu Sonne, Mond oder Erde. Ein paar Beispiele dazu (ich habe bei Heinz nachgefragt):

Die Sonne ist 150 Mio. km von der Erde entfernt, und das Licht braucht acht Minuten bis zur Erde.

Die Oberflächentemperatur der Sonne beträgt je nach Stelle zwischen 4'000 und 6'000° C.

Der Mond ist 400'000 km von der Erde entfernt. Diese Entfernung kann aber zwischen 380'000 km und 420'000 km variieren, je nach Umlaufbahn.

Die Erde hat einen Durchmesser von 12'000 km. Usw.

Ich staune immer wieder. Ein Zahlenmensch halt.

Silbenverdreher

Eine weitere Spezialität von Heinz: das Silben- und Buchstabenverdrehen. Aus *Stunde der Wahrheit* wird bei der Silbendrehung *Wande der Sturheit*. Oder mit der Buchstabendrehung: *Stande der Wuhrheit* (Vokaldrehung) bzw. *Wunde der Starheit* (Konsonantendrehung).

Das Ganze funktioniert auch innerhalb eines einzelnen Wortes. *Hühnerstall* wird dann zu *Stahnerhüll*, das *Gästezimmer* verwandelt sich in *Zistegämmer*. *Den Gürtel enger schnallen* endet bei *den Schnartel enger güllen* und so weiter und so fort. Dieses Spiel läuft in seinem Hirn praktisch permanent ab. Und bei der Unmenge an Ausdrücken, die den Alltag begleiten, kommt da oft wirklich Lustiges raus. Etwa wenn *langsam aber sicher* zu *singsam aber lacher* wird oder *Kopieren und Ersetzen* zu *Sepieren und Erkotzen*. Und zwischendurch natürlich auch mal nicht ganz Jugendfreies. Sie mögen es – auf Ihre eigene Verantwortung – ja mal mit *Putzfimmel* (Konsonantendrehung) oder ich *packe die Filme* (Silbendrehung) selber ausprobieren!

Und wenn er ein Wort liest und dazu blitzartig sagt: „Wow, genial, hat sechzehn Buchstaben", dann kann ich jeweils nur staunen. *Festtagskonzerte* etwa liest er nicht wie ein normaler Mensch, sondern rhythmisch in Paketen à vier Buchstaben. Liegt wohl an der Musik in seinem Blut.

Verlaufen

Heinz war in Tokio. Nach dem Nachtessen wollte er ein paar Sehenswürdigkeiten anschauen. Er fuhr mit der Metro und stieg nach ungefähr fünf Stationen aus. Als er wieder auf dem Rückweg war, realisierte er, dass er sich nicht gemerkt hatte, wie viele Stationen er gefahren war. Es blieb ihm nichts anderes übrig, als aufs Geratewohl auszusteigen.

Dann wurde es schwierig. Erstens wusste er nicht mehr, wie sein Hotel hiess, zweitens konnte er die japanischen Schriftzeichen nicht lesen und drittens konnte fast niemand englisch! Er wendete sich an einen Polizisten, der ihn aber mangels Englischkenntnissen nicht verstand.

Auf gut Glück lief er irgendeine Strasse entlang und fand dann doch noch zurück zu seinem Hotel. Beides, Station und Weg, passten auf Anhieb – für einmal spielte das Schicksal Heinz nicht übel mit.

Am nächsten Tag, als er vom Meeting in sein Hotel zurückkehrte, fand er seinen Zimmerschlüssel nicht mehr. Er durchsuchte seine Notebook-Tasche *dreimal*. Sämtliche Aussen- und Innenfächer. Nichts. Im Hotel wurde ihm dann ein Ersatzschlüssel ausgehändigt.

Wieder zu Hause, was kam aus seiner Notebook-Tasche hervor? *Der vermisste Zimmerschlüssel natürlich!*

Dazu ist noch zu sagen, dass besagter Schlüssel an einem leuchtend roten, zwölf Zentimeter langen, im Querschnitt quadratischen Plexiglasstab hängt! Der ist so gross, den kann man gar nicht übersehen! Er liegt jetzt im Büro auf dem Bücherregal als Andenken.

Er logierte übrigens im KICHIJOJI DAI-ICHI Hotel, Zimmer 513.

Über die Geleise

Urlaub in der Dominikanischen Republik.

Unsere Tochter fährt Auto. Seither müssen wir nicht mehr mit dem Auto nach Zürich zum Flughafen fahren, wir können jetzt gemütlich den Zug nehmen. Das heisst natürlich nur dann, wenn die Abflugzeit nicht schon um sechs Uhr in der Früh ist.

Der Plan war folgender: Wir nehmen mein Auto und stellen es am Bahnhof in Möhlin ab. Wenn dann Sarah abends mit dem Zug nach Hause kommt, kann sie mit dem Auto wieder heimfahren. Am Tag der Ankunft dasselbe, einfach umgekehrt.

Ich hatte alles schön vorbereitet. Sarah hatte den Zweitschlüssel. Das Kleingeld legte ich auf dem Schuhschränkchen im Entree bereit. Da ich nicht sicher war, ob wir für einen Tag vier oder fünf Franken Parkgebühren bezahlen mussten, legte ich zwei Zweifränkler und einen Einfränkler bereit. Erst beim Verlassen des Hauses gab ich Heinz das Geld in die Hand, das er in seine Hosentasche stecken sollte.

Wir fuhren zum Bahnhof, Heinz lud mich mit dem Gepäck aus und er fuhr zum Parkplatz. Ich ging unterdessen mit den zwei Rollkoffern die Unterführung runter zum Perron hin. Dort wartete ich auf Heinz, der bald erschien. Er gab mir den Schlüsselbund, den ich in meiner Tasche im Seitenfach mit Reissverschluss verstaute.

Ich fragte Heinz: „Und, hat es jetzt vier oder fünf Franken gekostet?"

Heinz: „Mist, ich habe total vergessen, ein Ticket zu lösen!"

Und schon rannte er los. Ich wollte ihn noch aufhalten, aber er war schon die Treppe runtergerannt.

Eigentlich waren wir früh genug am Bahnhof, aber zurück zum Parkplatz war's dann doch noch ein gutes Stück. Vor allem hatte Heinz das Auto auf einem der hintersten

Parkplätze abgestellt, weil vorne schon alles besetzt war. Das hätte bedeutet: Zuerst zum Auto rennen, gucken, auf welcher Nummer das Auto steht (das wusste er auch nicht) und wieder ganz nach vorne zum Automaten hetzen. Unterdessen sah ich in der Ferne bereits den Zug einfahren und befürchtete Schlimmes. Ich rannte auf dem Perron in Richtung Parkplatz, um Heinz zuzurufen, dass der Zug anrollte.

Natürlich reichte die Zeit nicht mehr für die Unterführung und die Treppe. Was machte mein „Held": Er sprang auf der anderen Seite vom Perron runter und überquerte noch vor dem Zug die Geleise!

Ich war nahe am Herzinfarkt. Es dauerte Stunden, bis ich mich wieder einigermassen erholt hatte.

So hatte ich mir den Ferienbeginn nicht vorgestellt.

Es gab keine Busse. An diesem Tag führten sie keine Kontrolle durch.

Die Ferien waren sehr schön.

Ein Loch in der Wand

Die erste eigene Wohnung von Sarah.

Wir hatten sie beim Umzug unterstützt und brachten Werkzeug und Bohrmaschine mit, damit Papi gleich die Bilder und Regale aufhängen konnte. Sarah hatte ein schmales, offenes Eck-Gestell, das genau hinter der Badezimmertür in die Ecke passte. Dieses musste mit Dübeln und Schrauben befestigt werden.

Heinz nahm die Bohrmaschine, fing an zu bohren, ohne vorher die Wandstärke zu kontrollieren. Was passierte? Der Bohrer kam auf der anderen Seite der vier Zentimeter dünnen Holzwand im Entree wieder raus, und es fiel auch noch ein ganzes Stück Verputz runter!

Zum Glück hatten wir zu Hause noch Spachtelmasse. Auch Wandfarbe stand noch in der Wohnung, da die Wände noch frisch gestrichen worden waren.

Alles ok, ich konnte den Schaden wieder beheben.

Depots

Heinz lässt häufig sein Portemonnaie liegen, wenn er das Haus verlässt.

Für diesen Fall hat er schon ein bisschen vorgesorgt, indem er im Auto, in seiner Notebooktasche und im Büro eine Zwanzigernote deponiert hat. Das nützt natürlich dann nichts, wenn er mittags zu Fuss zum Essen geht.

In Rheinfelden hatte er gleich gegenüber vom Büro einen Delikatessenladen. Manchmal holte er sich auch da was zum Mittagessen. Im Laufe der Jahre kannten sie ihn und seine Vergesslichkeit, und er durfte anschreiben lassen.

Diktiergeräte

Vorgesorgt hat Heinz auch für nachts und wenn er mit dem Auto unterwegs ist. Er besitzt zwei Diktiergeräte!

Wenn ihm in der Nacht etwas in den Sinn kommt, liegt auf dem Nachttisch sein Diktiergerät bereit, in das er seine Gedanken reinsprechen kann – ohne Licht anzumachen. Ansonsten hätte er es bis am Morgen wieder vergessen. Oder er müsste nochmals aufstehen, um es zu notieren.

Dasselbe Prinzip wendet er auch im Auto an. Unterwegs hat er viele Ideen, oder es kommt ihm etwas in den Sinn, das er vergessen hat. Sein Diktiergerät leistet auch in diesem Fall wertvolle Hilfe und landet auf dem Beifahrersitz.

Diese Position bedeutet, dass etwas darauf gesprochen ist, was es zu Hause abzuhören gilt.

Ohne Organisation geht in seinem Leben gar nichts!

Nur dumm, dass er in Zürich einmal vergass, die Fenster zu schliessen, worauf ihm das Diktiergerät – angeblich – gestohlen wurde. Ich bestellte im Internet wieder ein neues.

Rund vier Wochen später kam Heinz eines Abends nach Hause und hatte was in der Hand? Sein Diktiergerät! Es war im Handschuhfach! Heinz hatte lediglich vergessen, dass er es dort hineingelegt hatte, damit es nicht so offensichtlich auf dem Sitz lag und es nicht gestohlen würde!

Sonnenmilch überall

Wir waren in Mauritius in den Ferien.

Bevor wir an den Strand gingen, schmierten wir uns immer schon im Hotelzimmer mit Sonnenmilch ein. Das ist viel einfacher, und man hatte nicht Sonnenmilch an den Rändern der Badehosen oder unbedeckte Stellen. Ich putzte mir noch die Zähne und sagte zu Heinz, er solle sich doch schon mal Bauch, Beine und Arme einschmieren, ich würde dann noch den Rücken übernehmen.

Plötzlich fing Heinz an zu lachen. Nein – er grölte schon eher. Was war nun wieder passiert?

Unsere Sonnenmilch war – eher unüblich – in einer Spray-Flasche, ähnlich wie Fensterputzmittel, mit einem Griff, den man mit den Fingern Richtung Flasche drücken musste.

Vor dem Spiegel stand ein Tisch mit einem Wasserkocher, Tee, Kaffee etc. Heinz stand vor dem Spiegel und nahm die Flasche falsch herum in die Hand. Offenbar hatte er angenommen, die Ware würde auf der anderen Seite herauskommen.

Spiegel, Wasserkocher und Tisch – *alles war mit Sonnenmilch bespritzt – nur das eigentliche Ziel, Heinz, nicht!*

Er machte aber alles wieder schön sauber.

Ausgang in Unterhosen

Ein paar Tage später – ebenfalls in Mauritius – verliess Heinz schon vor mir das Zimmer, weil er noch einen Tisch für das Abendessen im Spezialitäten-Restaurant reservieren wollte.

Ich: „Schaaatz!" Heinz: „Ja?" „Ich denke, es wäre besser, wenn du noch deine Badehose anziehen würdest!"

Heinz hatte das Zimmer in den Unterhosen verlassen, weil er nach dem Sonnenmilch-Ritual die Unterhose und T-Shirt statt die Badehose angezogen hatte.

Dass er abends nach dem Duschen statt des Pyjamas wieder seine Kleider anzieht, passiert ihm übrigens öfters. Er merkt es dann immerhin selber und findet es jedes Mal lustig.

Verkehrt herum

Ich hatte die Vorhänge gewaschen und Heinz fragte mich, ob er mir beim Aufhängen helfen soll.

Er schob einen Vorhang nach dem anderen verkehrt herum auf die Vorhangstangen, so dass ich nachher alle wieder drehen musste!

Wiederholungstäter

Mit verkehrt herum hat es Heinz ein bisschen.

Gut gemeint, nahm er die zwei Teppiche vor der Sitzplatztüre weg und schüttelte sie aus. Dann legte er sie mit der gummierten Rückseite nach oben wieder hin.

Ich hatte es gesehen und dachte, lieb von ihm, aber falsch rum. Ich sagte nur danke und drehte die Teppiche wieder um.

Zwei Wochen später wiederholte sich das Ganze.

Dieses Mal bedankte ich mich bei ihm für seinen guten Willen, erlaubte mir aber, ihn aufzuklären.

Eigentlich müsste man es sehen. Die Vorderseite ist schwarz und mit Teppichbelag, die Rückseite ist grau und gummiert.

Optische Sachen sind nicht so sein Ding.

Kurzzeitgedächtnis

Jeden Sonntagmorgen telefoniert Heinz mit seinem Mami gegen eine halbe Stunde lang.

Wenn ich ihn nach dem Gespräch frage, was es Neues zu berichten gäbe, kann er mir vielleicht jeweils noch zwei Sachen nennen.

Ich sage dann: „Jetzt habt ihr eine halbe Stunde lang gesprochen, da müsste es doch noch mehr zu erzählen geben."

Deshalb hat er begonnen, das Telefon auf Lautsprecher zu stellen und zu mir zu kommen, wenn ich am Bügeln bin, damit ich gleich mithören kann.

Abgeknickt

Wir hatten eine Aluminium-Schneeschaufel. Seit Jahren hatte ich sie problemlos benutzt. Einmal hatte es am Wochenende sehr viel geschneit, und da Heinz dann ja zu Hause war, übernahm er das Schaufeln.

Nun ist noch zu sagen, dass wir einen Garagenplatz-Belag aus Porphyr-Pflastersteinen haben.

Heinz war im Element, es ging zack, zack. Die Schnee-schaufel hatte allerdings bald auch einen Zacken weg. Die untere rechte Ecke war nach oben abgeknickt, weil Heinz die Schaufel nicht flach genug gehalten hatte und so schwungvoll schaufelte, dass er an einem Pflasterstein hängen geblieben war.

Strassen-Roulette

Rund alle neun Monate führt die International Business School ZfU im Hotel Mövenpick in Regensdorf das *Seminar Multi-Projektmanagement* durch. Heinz trägt zu diesem Seminar, das bereits seit mehr als zehn Jahren angeboten wird, den Teil *Ressourcenmanagement* bei. Es ist dies das Spezialgebiet der Scheuring AG. Seine Fahrt nach Regensdorf hat in den vergangenen Jahren bereits mindestens zehn Mal stattgefunden. Und jedes Mal kommt bei ihm kurz vor Regensdorf das ungute Gefühl auf, welche der beiden Abzweigungen nun die richtige ist, um zum Hotel zu gelangen. Die Chancen stehen jeweils bei 50:50, dass er sich richtig entscheidet.

Während dieses Buch geschrieben wurde, war es wieder einmal so weit. Am 17. September 2014 kam auf ihn erneut die grosse Entscheidung zu. Diesmal dachte er: zweite Abzweigung. Also rechts weg, dann gerade über den Kreisel und über die Bahngeleise. Doch Moment mal, hier vom Kreisel aus sah die Fortsetzung doch jeweils anders aus – war offenbar doch die erste Abzweigung. Erleichtert realisierte er, dass die Fahrt zurück zur ersten Abzweigung auf einer Parallelstrasse möglich war, ohne erneut das Lichtsignal passieren zu müssen. Nichts wie los, zurück zur richtigen Strasse. Leider erwies sich diese am Ende doch wieder als die falsche. Also erneut zurück, um beim Kreisel diesmal festzustellen, dass die Fortsetzung Richtung Bahnübergang doch korrekt war. Eine kleine Baustelle hatte diesmal gereicht, um ihn erneut aus dem Konzept zu bringen. Immerhin reichte die einberechnete Pufferzeit problemlos aus, um das Ziel ohne zusätzlichen Zeitstress zu erreichen.

Das Seminar verlief gut.

Kleiderwahl

Heinz legt sich jeden Abend die Kleider für den nächsten Morgen im Badezimmer bereit.

Er hatte wieder einen Kundentermin. Das Hemd, das er ausgewählt hatte, wechselte er am Morgen nochmals aus (von zartgrün auf blau). Er war schon halb zur Haustüre raus, als ich bemerkte, welches Jackett er dazu ausgewählt hatte. Es war grün. Das war bei Heinz schon so programmiert: zartgrünes Hemd, grünes Jackett. Nur war jetzt das Hemd blau!

Ich konnte die Verirrung gerade noch verhindern.

Das predige ich auch seit Jahren: Einen Kontrollblick in den Spiegel werfen, kann nicht schaden. Wenn er es nur auch machen würde!

Auch verlässt er manchmal das Haus in Hausschläppli und vergisst die Schuhe anzuziehen.

Alles vergessen

Heinz verabredete sich mit einem Geschäftspartner zum Mittagessen. Dieser hatte ein Restaurant in Muttenz vorgeschlagen. Treffpunkt um 12.00 h.

Am Morgen fragte ich ihn noch, um welche Zeit er heute weggehen würde. „11.30 h", sagte er. Um diese Zeit erinnerte ich ihn daran, dass es an der Zeit wäre.

Heinz zog sich an und wollte schon gehen, als ich ihn noch fragte, ob er sich nicht noch rasieren wollte.

Am Morgen beim Putzen hatte ich bemerkt, dass sein Rasierapparat-Putzpinsel neben dem Lavabo lag (als Erinnerung für Heinz, dass er sich noch nicht rasiert hatte – Organisation!).

Er erledigte das noch schnell und fuhr los. Dreissig Minuten später rief er mich mit dem Handy eines Gastes vom Bahnhof-Restaurant aus an: „Schatz, ich hab' mein Handy vergessen und weiss nicht mehr, wie das Restaurant heisst." Er wusste nur noch, dass es sich in der Nähe des Bahnhofs befand.

Ich öffnete dann nach seiner Anweisung auf seinem Computer die E-Mails, um nachzuschauen, was sein Geschäftspartner geschrieben hatte.

Unterdessen war es schon 12.15 h. Als Heinz den bereits wartenden Partner traf, schaute dieser soeben auf seinem Handy nochmals nach, wie sie sich denn verabredet hätten.

Guten Appetit!

Gut gemeint

Am Wochenende stelle ich unseren Boiler immer auf 70° C hoch, dies zur Verhinderung von Legionellen. Das reicht, wenn man das einmal pro Woche macht. Unter der Woche ist er nur auf 50° C eingestellt.

Das hat mehrere Vorteile: Wir verbrühen uns nicht am heissen Wasser, der Boiler setzt weniger Kalk an und wir sparen Strom.

Wenn ich am Samstag die Waschmaschine anmache, heisst das für mich immer auch: Boiler hochstellen. Das funktioniert bei mir tadellos. Und am Abend, wenn ich mit der Wäsche fertig bin, stelle ich den Boiler wieder auf 50° C zurück.

Am Samstagnachmittag – ich war im Garten – kam Heinz zu mir und sagte: „Ich habe noch den Boiler hochgestellt." Ich: „Das habe ich doch schon gemacht!"

Heinz hatte den Boiler wieder auf 50° C zurück gestellt!

Erstens ist die Temperatur in Zehnerschritten angeschrieben, so dass man genau sieht, auf wieviel Grad er eingestellt ist. Zweitens hört man es, wenn er am Aufheizen ist. Und drittens musste er in die entgegengesetzte Richtung drehen. Also, man hätte es durchaus merken können, dass er schon hochgestellt war.

Und überhaupt, mache ich das ja immer, und zwar schon seit Jahrzehnten!

Geknickt

Ich hatte seit ein paar Wochen ein neues Auto.

Da ich immer viel Grünabfuhr habe, ist es für mich wichtig, die Rücksitze einfach umklappen zu können, damit ich eine schöne grosse und gerade Ladefläche habe. Wenn ich den ganzen Tag im Garten arbeite, habe ich schon mal so vier bis fünf grosse Garten-Bags an Material. In der Regel mache ich ja alles alleine im Garten, aber ab und zu hilft mir Heinz beim Einladen.

Die Bags standen auf dem Garagenplatz an der Seite bereit. Heinz machte die Garage auf, öffnete die Heckklappe, klappte die Sitze um und legte die Gartentücher hinein. Nun dachte er sich, es wäre ja einfacher, wenn er mit dem Auto zuerst aus der Garage fahren würde, gleich neben die Bags. So müsste er nicht alles über den Platz tragen. Und so machte er es auch.

Nur, dass er vergessen hatte, die Heckklappe vorher zu schliessen!

Beim Rückwärtsfahren blieb sie dann am Garagentor hängen.

Was kann man dazu noch sagen? *„Ich bin geknickt!"*

Das falsche Haus

Zum Schluss noch eine Story, mit der Heinz kürzlich nach Hause gekommen ist.

Er hatte einen Termin beim Notar in Rheinfelden. Während acht Jahren waren der Notar und die Scheuring AG im selben Gebäude untergebracht. Und Heinz hatte die Dienste dieses Notars auch schon einige Male in Anspruch genommen. So auch zwei Monate zuvor. Also ein klares Heimspiel, oder? Knapp zehn Minuten vor dem Termin parkte er auf dem Parkplatz bei der Post Rheinfelden. Ganz ohne Eile begab er sich zum Gebäudeeingang und ging die eine Treppe hoch, die zum Büro des Notars führte.

Heinz' Gedanken: „Ja Moment mal, wo ist der denn abgeblieben? Habe ich das falsch in Erinnerung, sind die im zweiten Stock?" Doch auch da oben war nichts, was auch nur im Entferntesten an das Büro vom Notar erinnerte. Also wieder runter. „Da ist doch auch der HNO-Arzt, bei dem ich kürzlich war, ich bin doch richtig hier. Was ist denn da los? Versteh' ich nicht." Nochmals runter ins EG und nochmals rauf in den ersten Stock. „Mann, ich begreif's einfach nicht, ich war doch erst kürzlich beim Notar, die sind doch nicht etwa weggezogen?"

Er ging wieder runter und auf den Vorplatz hinaus. Ein Geistesblitz, Knall und emotionaler Schauder – alles zur gleichen Zeit. Heinz befand sich in einem Gebäude etwa hundert Meter von seinem alten Büro entfernt, in dem ein Restaurant und unter anderem eben der HNO-Arzt untergebracht sind. Immerhin erreichte er das Büro des Notars noch problemlos zur Zeit. Auf dem Weg dahin schüttelte es ihn vor Lachen. Er habe gestrahlt wie ein Maikäfer, schilderte er mir sein jüngstes Abenteuer.

Schlusswort

Falls Sie sich wieder einmal über Ihren Mann/Ihre Frau ärgern, weil er/sie etwas vergessen hat, denken Sie doch einfach an Heinz, und Sie fühlen sich bestimmt gleich besser. Alles nur halb so schlimm bei Ihnen.

Ich bin froh, dass Heinz nicht mehr weltweit unterwegs ist (nur noch Schweiz und Deutschland). Ich glaube, es gab kaum eine Reise in all den Jahren, wo nicht etwas passierte.

Im Alltag kommen dann noch all die „Kleinigkeiten" dazu: Heinz sucht seine Brille, obwohl er sie auf der Nase hat. Er vergisst sein Notebook-Stromkabel beim Kunden. Er sucht etwas, sei es im Kühlschrank, im Keller oder im Aktenkoffer, und findet es nicht. Er sieht den Wald vor lauter Bäumen nicht. Dieses Sprichwort passt perfekt zu Heinz. Ich kann das Gesuchte dann in der Regel nur nehmen! Heinz nimmt das Telefon in die Hand, und möchte das Fernsehprogramm umstellen! Oder er zieht sein T-Shirt verkehrt rum an – da gibt es sogar zwei Varianten – vorne ist hinten oder innen ist aussen! ...

Eines kann man auf jeden Fall definitiv sagen: Langweilig war und ist es bei uns nie!

Für das Management des Geschäftlichen hat mein Mann ein eigenes Management-Programm entwickelt, worin alle Kundeninformationen, Gesprächsnotizen, Regelungen usw. festgehalten werden. Für alle Mitarbeiter einsehbar, immer auf dem neuesten Stand. Die Software – sie heisst hyperManager – leistet auch im privaten Bereich wertvolle Dienste und kann als Einzelplatzversion unter www.hypermanager.ch kostenlos heruntergeladen werden.

Das einzige, woran Heinz sich strikt halten muss ist, immer SOFORT die jeweiligen Einträge zu machen, weil er es sonst gleich wieder vergisst. IN DIESER HINSICHT IST ER ZUM GLÜCK PFLICHTBEWUSST.

Als potenzieller Kunden der Scheuring AG müssen Sie also keine Bedenken haben. Heinz organisiert sich in seiner Arbeit mit einer Konsequenz, die seine Zerstreutheit längst kompensiert.

Das waren ein paar Einblicke in unser Leben. Es gäbe natürlich noch viele Anekdoten.

Ich hoffe, Sie hatten dank meines *Professors* einige erheiternde Momente. ☺

Über die Autorin

Karin Scheuring, 1960 in Basel geboren, hat eine Ausbildung als Bankkauffrau und lebt mit ihrem Mann in der Schweiz im Kanton Aargau. Die beiden sind Eltern einer erwachsenen Tochter.

Karin Scheuring liebt Gärtnern, Töpfern, Tiffany-Lampen herstellen, Möbel restaurieren und vieles mehr.